Alma Flor Ada

F. Isabel Campoy

Celebra el Día de Martin Luther King, Jr. con la clase de la Sra. Park

ilustrado por **Mónica Weiss**

loqueleo

La clase de la Sra. Park se prepara para celebrar
el Día de Martin Luther King.

—Lupe, ¡qué bonito te quedó el dibujo del doctor King!
—dice la maestra.

—¿Qué vamos a poner en esta parte del mural? —pregunta Nelson.

—Aquí van sus frases famosas: "Sueño que un día..."
—declama Jorge.

LUTHER KING, JR.

—Y aquí van nuestros sueños —dice
Jessica—, pero todavía no sé qué poner.

—Yo sí sé. ¡Quiero que Joe sea mi amigo!
—dice Rob.

—¿Quién sabe por qué celebramos el Día de Martin Luther King? —pregunta la maestra.

—Porque él quiso que todos fuéramos juntos a la escuela —responde Rob.

ESCUELA

Ro

NELSON

—Y que montáramos en los mismos autobuses —dice Nelson.

—Y que se pagara igual a todos los que hacen el mismo trabajo —añade Jessica.

Más tarde, la clase de la Sra. Park sale al jardín.

Riegan las plantas mientras conversan:

—¡Tenemos flores de todos los colores!

—¡Sí! Amarillas, rojas, azules, blancas…

Luego, abonan los árboles. Y los observan…

—¡Qué hojas tan distintas!

—Unas afiladas, otras redondas, otras delgaditas…

9

—¡Shhhh! Calladitos… ¿Ven ese pájaro carpintero?
—dice la Sra. Park.

—Miren, ¡un gorrión! —dice Nelson.

—Y aquí hay un colibrí —dice Jessica.

—¡Qué lindo es nuestro jardín! —exclama Lupe.

—Es verdad —añade Rob—. Yo creo que se ve tan lindo porque tiene muchos colores y formas diferentes.

—¡Hey! —grita Jorge—. ¡Eso me recuerda las cosas que decía Martin Luther King! Tengo una idea… —y la comparte en secreto con su maestra.

—¡Es una excelente idea! —exclama la Sra. Park—. Pero tenemos que ponernos a trabajar ya mismo para que esté listo para mañana.

—Igual que las flores del jardín… ¡de todos los colores!

—Y los árboles de un bosque… ¡de diferentes tamaños!

—Y los pájaros en el cielo… ¡cada uno diferente!

—¡Así somos todos!

—Martin Luther King soñaba con que compartiéramos el planeta…

—respetando

—y valorando

—nuestras diferencias.

—Y luchó para que todos lo entendiéramos.

—Ahora tenemos que trabajar juntos para que su sueño sea una realidad.

¿Quién fue Martin Luther King, Jr.?

Este es Martin Luther King, Jr.
Martin nació en Atlanta, en el estado
de Georgia, el 15 de enero de 1929.

Cuando Martin era niño, los niños
afroamericanos, como él, no podían ir a la
escuela con los demás niños. En los cines y
los autobuses, las personas afroamericanas
tenían que sentarse aparte. No podían
comer en los mismos restaurantes ni
comprar en las mismas tiendas. Tampoco
se les permitía vivir en los mismos barrios
ni jugar en los mismos parques. Esto
se llama "segregación racial".

18

★Atlanta

GEORGIA

Desde muy joven, Martin pensaba que todo esto era injusto. Decidió que las cosas tenían que cambiar. Decidió que él ayudaría a que cambiaran. En la Constitución dice que todas las personas son iguales. Pero Martin veía que en realidad los afroamericanos no tenían los mismos derechos que los demás.

Martin viajó por todo el país. Les explicó a los afroamericanos que el problema era grave. Les dijo que no tuvieran miedo de protestar y pedir cambios. Los animó para que lucharan por sus derechos. Pero les dijo que lo hicieran de manera *pacífica,* es decir, sin violencia, sin insultos y sin armas.

Los afroamericanos comenzaron a hacer marchas en las que pedían cambios. Martin y su esposa, Coretta, participaron en muchas de estas marchas.

Un día, una mujer afroamericana llamada Rosa Parks se negó a darle su asiento en un autobús a un pasajero blanco. Por eso la arrestaron. Entonces, los afroamericanos decidieron no tomar autobuses por 382 días. Era su manera de protestar para que las normas cambiaran. Todo esto lo hicieron sin violencia, siguiendo las ideas de Martin Luther King, Jr.

Martin también logró que muchos líderes blancos lo apoyaran. Pero a muchas personas no les gustaba lo que estaba haciendo. Lo persiguieron y lo amenazaron, y también amenazaron a su familia. ¡Lo llevaron a la cárcel unas 20 veces! Pero Martin nunca se rindió porque estaba seguro de que lo que estaba haciendo era muy importante.

Finalmente, comenzaron los cambios.
En 1956, la Corte Suprema de Justicia terminó
con la segregación en los autobuses porque
estaba en contra de la Constitución.

En 1964, el presidente Lyndon Johnson firmó la Ley de Derechos Civiles. Esta ley terminó con la segregación en las escuelas. Además, creó planes para reducir la pobreza en las comunidades afroamericanas.

Martin Luther King, Jr. demostró que se pueden lograr grandes cambios sin necesidad de la violencia. Martin creía que la violencia no ayuda a arreglar problemas. Solo crea nuevos problemas, más grandes y más graves. Estas ideas lo hicieron famoso en todo el mundo.

Por eso, en 1964, le dieron el Premio Nobel de la Paz. Es un premio muy importante que se da a las personas que luchan por la paz.

LENOX A

W 125 ST

DR MARTIN LUTHER KING JR BLVD

LM X BLVD

I HAD
A DREAM

DR MARTIN L
KING JR

ENERO

D	L	M	M	J	V	S
	1	2	3	4	5	6
7	8	9	10	11	12	13
14	15	16	17	18	19	20
21	22	23	24	25	26	27
28	29	30	31			

Martin Luther King, Jr. es una persona muy importante en la historia de Estados Unidos. Por eso su cumpleaños es un día feriado nacional. El Día de Martin Luther King, Jr. se celebra el tercer lunes de enero en todo el país con actividades especiales en escuelas, universidades, iglesias y lugares públicos.

Martin Luther King, Jr. saluda a los parroquianos a la salida de la Iglesia Bautista Ebenezer, 1964.
© Flip Schulke/CORBIS

Martin Luther King, Jr. en una celda del Tribunal del Condado de Jefferson, en Birmingham, Alabama, 1967.
Foto de Wyatt Tee Walker
© Bettmann/CORBIS

Estudiantes de tercer grado de la escuela segregada C.W. Hill de Atlanta, Georgia, en clase de aritmética, 1954.
© Bettmann/CORBIS

Martin Luther King, Jr. y el reverendo Glenn Smiley, de Texas, montan juntos en un autobús en Montgomery, Alabama, el 21 de diciembre de 1956, después de que la Corte Suprema ordenara la eliminación de la segregación en los autobuses de esa ciudad.
© Bettmann/CORBIS

Martin Luther King, Jr. habla frente a una multitud en Selma, Alabama, 1965.
© Bettmann/CORBIS

Martin Luther King, Jr. se dirige a una multitud frente al Capitolio Estatal de Mississippi, en Jackson, 1966.
© Flip Schulke/CORBIS

El presidente Lyndon Johnson firma la Ley de Derechos Civiles en la Casa Blanca, el 2 de julio de 1964.
© Bettmann/CORBIS

Martin Luther King, Jr. mientras pronuncia su famoso discurso "Sueño que un día..." desde el Monumento a Lincoln en Washington, D.C., el 28 de agosto de 1963.
© Bettmann/CORBIS

Niños de una escuela de Richmond, Virginia.
© Ariel Skelley/CORBIS

Martin Luther King, Jr. y su esposa, Coretta Scott King, encabezan un grupo de activistas de derechos civiles que llega al Capitolio Estatal de Alabama, en Montgomery, después de 5 días de marcha, 1965.
© Bettmann/CORBIS

Compañeros de clase de una escuela de Estados Unidos.
© JLP/Jose Luis Pelaez/zefa/CORBIS

Un grupo de estudiantes universitarios afroamericanos despiden a un autobús que parte casi vacío durante el boicot en contra de la segregación en los autobuses en Tallahassee, Florida, 1956.
© Bettmann/CORBIS

Martin Luther King, Jr. recibe el Premio Nobel de la Paz en Oslo, Noruega, el 10 de diciembre de 1964.
© Bettmann/CORBIS

Aviso en la calle Dr. Martin Luther King, Jr. Boulevard, en Harlem, Nueva York.
© Alan Schein Photography/CORBIS

Rosa Parks entrando a su juicio en una corte de Montgomery, Alabama, el 29 de marzo de 1956.
© Bettmann/CORBIS

Monumento a Martin Luther King, Jr. frente a la Capilla Browns en Selma, Alabama.
© Flip Schulke/CORBIS

Mural en honor a Martin Luther King, Jr. en la escuela elemental Martin Luther King de Los Ángeles, California.
© George Ancona

Martin Luther King, Jr. y otros líderes del movimiento por los Derechos Civiles celebran con senadores simpatizantes de su causa la aprobación del Proyecto de Ley de Derechos Civiles en el debate del Senado, 1964.
© Bettmann/CORBIS

Celebrar y crecer

A lo largo de la historia y en todas partes del mundo, la gente se reúne para celebrar aniversarios históricos, conmemorar a alguna persona admirable o dar la bienvenida a una época especial del año. Detrás de toda celebración está el reconocimiento de que la vida es un don maravilloso y que el reunirnos con familiares y amigos produce alegría.

En una sociedad multicultural como la estadounidense, la convivencia entre grupos tan diversos invita a un mejor conocimiento de la propia cultura y al descubrimiento de las demás. Quien profundiza en su propia cultura se reconoce en el espejo de su propia identidad y afirma su sentido de pertenencia a un grupo. Al aprender sobre las culturas ajenas, podemos observar la vida que se abre tras sus ventanas.

Esta serie ofrece a los niños la oportunidad de aproximarse al rico paisaje cultural de nuestras comunidades.

El Día de Martin Luther King, Jr.

La mayor celebración en la vida es la amistad. Nuestros amigos son tan pequeños como Sebastián, que acaba de nacer, o Carmela, ¡que cumplió 103 años en enero! Nuestros amigos hablan idiomas distintos, son artistas y atletas, cocineros y maestras de distintos orígenes. Todos saben reírse con un buen chiste. Nos han enseñado a mirar en todas las direcciones y a respetar y admirar quienes son y los lugares de donde vienen. Nuestra celebración no tiene fechas pero sí muchos héroes, como Martin Luther King, Jr., y un compromiso diario con la paz.

Alma Flor Ada y F. Isabel Campoy

A Pablo García Campoy.
Y a Collette Lauren, Nicholas Ryan, Jessica Emily,
Cristina Isabel, Victoria Anne, Daniel Antonio, Camilla Rose,
Samantha Rose y Timothy Paul Zubizarreta, deseándoles
la alegría profunda que produce el abrir
caminos a la paz y la justicia.

AFA & FIC

31

loqueleo

© This edition:
2017, Santillana USA Publishing Company, Inc.
2023 NW 84th Ave
Miami, FL 33122
www.santillanausa.com

Text © 2006 Alma Flor Ada and F. Isabel Campoy

Editor: Isabel C. Mendoza
Art Director: Mónica Candelas
Production: Cristina Hiraldo

Loqueleo is part of the **Santillana Group**, with offices in the following countries:
ARGENTINA, BOLIVIA, BRASIL, CHILE, COLOMBIA, COSTA RICA, DOMINICAN REPUBLIC, ECUADOR,
EL SALVADOR, GUATEMALA, MEXICO, PANAMA, PARAGUAY, PERU, PORTUGAL, PUERTO RICO, SPAIN,
UNITED STATES, URUGUAY, AND VENEZUELA

Celebra el Día de Martin Luther King, Jr. con la clase de la Sra. Park
ISBN: 978-1-3113-13-879-9

Printed in the United States of America
by **Bellak Color, Corp.**

20 19 18 17   1 2 3 4 5 6 7

Library of Congress Cataloging-in-Publication Data

Ada, Alma Flor.
        Celebra el día de Martin Luther King, Jr. con la clase de la Sra. Park
/ Alma Flor Ada, F. Isabel Campoy; ilustrado por Monica Weiss.
        p. cm. — (Cuentos para celebrar)
        Summary: The students in Mrs. Park's class prepare to celebrate
Martin Luther King, Jr. Day by thinking about the values he taught. Includes
facts about Martin Luther King, Jr.
        ISBN 1-59820-113-1
        1. Martin Luther King, Jr., Day—Juvenile fiction. 2. King, Martin
Luther, Jr., 1929-1968—Juvenile fiction. [1. Martin Luther King, Jr., Day—
Fiction. 2. King, Martin Luther, Jr., 1929-1968—Fiction. 3. Schools—Fiction.
4. African Americans—Fiction. 5. Spanish language materials.] I. Campoy, F.
Isabel. II. Weiss, Mónica, 1956- ill. III. Title. IV. Series.

        PZ73.A24326 2006
        [E]—dc22   2006013186